서울대학교 일본연구소
Reading Japan 36

니가타에서 본 한일관계

저 자 : 정미애

제이앤씨
Publishing Company

이 저서는 2019년 대한민국 교육부와 한국연구재단의 지원을 받아 수행된 연구임(NRF-2019S1A6A3A02102886)

책 을 내 면 서

　　서울대 일본연구소는 국내외 저명한 연구자와 다양한 분야의 전문가를 초청하여 각종 강연회와 연구회를 개최하고 있습니다. 〈리딩재팬〉은 그 성과를 정리하고 기록한 시리즈입니다.

　　〈리딩재팬〉은 현대 일본의 정치, 외교, 경영, 경제, 역사, 사회, 문화 등에 걸친 현재적 쟁점들을 글로벌한 문제의식 속에서 알기 쉽게 풀어내고자 노력합니다. 일본 연구의 다양한 주제를 확산시키고, 사회적 소통을 넓혀 나가는 자리에 〈리딩재팬〉이 함께하겠습니다.

차 례

니가타에서 본
한일관계

니가타에서 본 한일관계*

안녕하세요. 먼저 서울대 일본연구소에서 강연회를 개최해주신 데 대해 감사의 말씀을 드립니다.

저는 2017년 12월부터 2020년 11월까지 주(駐)니가타 대한민국 총영사관(이하 '주니가타 총영사관'으로 줄임)의 총영사로 재직하였고, 2021년 1월 외교부를 퇴직한 후 3월부터 세종연구소 동아시아협력센터의 객원연구위원으로 있습니다. 오늘 강연에서는 제가 3년 가까운 기간 동안 니가타현을 비롯한 관할 지역에서 한국의 총영사로서 한 역할과 이를 통해 보고 듣고 느낀 한일관계에 관해 말씀드리고자 합니다.

강연은 △ 주니가타 대한민국 총영사관 소개, △ 관할 지역의 한일 역사 문제, △ 한일관계 개선·발전을 위한 총영사관의 역할에 대해 말씀드리고, 한일관계 개선·발전을 위한 제언으로 마무리하고자 합니다.

---

* 이 글은 2021년 4월 2일 서울대 일본연구소 제30회 일본진단세미나에서 발표한 것으로, 당일 토론과 질의응답에 대한 내용을 함께 반영하여 정리 및 보완한 글입니다.

1
주니가타 대한민국 총영사관 소개

　먼저 주니가타 총영사관을 소개하기 전에 한국의 재외공관에 대하여 간략하게 설명하겠습니다.

　재외공관에는 대사관, 총영사관, 대표부가 있으며 2021년 4월 현재 한국의 재외공관 수를 유형별, 지역별로 보면 다음 〈표 1〉과 같습니다.

〈표 1〉 한국의 재외공관 수

2021년 4월 현재

지역	수
아시아	47
미주	35
유럽	47
중동	19
아프리카	18
계	166

대사관	총영사관	대표부	계
115	46	5	166

한국의 재외공관은 아시아와 유럽에 각각 47개소로 가장 많고, 국가별로 보면 미국과 일본에 가장 많이 있는데, 일본에는 대사관과 9개의 총영사관이 소재하고 있습니다. 일본의 경우, 수도인 도쿄(東京)에 대사관이 있고, 삿포로(札幌), 센다이(仙台), 니가타(新潟), 요코하마(横浜), 나고야(名古屋), 고베(神戸), 오사카(大阪), 히로시마(広島), 후쿠오카(福岡)에 총영사관이 설치되어 있습니다. 일본 내 한국 공관들은 대부분 1965년 한일 국교 정상화 이후 1~2년 이내에 개설되었는데, 주니가타 총영사관은 주일 한국 공관 중 가장 마지막에 개설된 공관으로 1978년에 개설되었습니다.

사실 제가 주니가타 총영사로 임명된 후 부임 인사를 하기 위해 지인들을 만나거나 통화를 할 때 가장 많이 들은 질문이 "니가타가 어디입니까?", "직항은 있습니까?" 하는 것이었습니다.

여러분께 이 질문에 답을 하기 전에 먼저 알려드리고 싶은 것은 총영사관은 각 국의 주요 도시에 설치되어 있어, 총영사관이 설치된 도시 정도라면 대부분 직항이 있다는 것입니다. 그러나 제가 니가타의 위치와 직항 여부에 대해 무수히 많은 질문을 받았을 정도로 니가타는 우리에게 별로 알려지지 않은 지역인 것 같습니다. 그래서 우선 총영사관이 소재하고 있는 니가타현·니가타시를 포함하여 주니가타 총영사관의 관할 지역에 대해 간단히 소개하고자 합니다.

니가타시는 동해 연안에 있는 유일한 정령지정도시[1]로 혼슈 중앙부의 북서쪽에 위치하고 있습니다. 직항은 공관 개설 이듬해인 1979년에 대한항공의 서울-니가타 노선이 개설되었고, 코로나19로 인해 일본 내 지방 국제공항을 오가는 항공편이 중단되기 전까지 주 3회 왕복 운항했습니다.

주니가타 총영사관의 관할 지역은 니가타현(新潟県), 나가노현(長野県), 도야마현(富山県), 이시카와현(石川県)의 4개현이고, 재류한국인의 수는 2019년 12월 현재 8,000명이 조금 넘는 정도로 다른 지역에 비해 많지 않은 편입니다.

〈표 2〉 주니가타 총영사관 관할 지역 재류한국인 수

2019년 12월 현재

니가타현	나가노현	도야마현	이시카와현	계
1,862명	3,701명	978명	1,536명	8,077명

니가타현은 동해 연안에 위치한 현 중에서 면적이 가장 넓은 현으로 일본의 광역자치단체 중 면적순으로 다섯 번째입

---

1) 일본의 정령지정도시(政令指定都市)는 인구 50만 명 이상의 도시 중에 정령으로 지정한 도시를 말하며, 일본 전국에 20개 도시가 있다. 정령지정도시는 지방자치법에 의해 광역자치체에 준하는 독자적인 권한을 행사할 수 있다.

니다. 인구는 2021년 2월 현재 약 220만 명 정도로 인구순으로는 15위에 해당합니다만, 메이지(明治) 시대 초기인 1874~1896년에는 약 150만~180만 명으로 당시 광역자치체에 해당하는 도부현(道府県) 중에서 가장 인구가 많았다고 합니다.

니가타현은 일본 정부의 「국세조사(國勢調査)」에 의하면 1940년에 이미 인구 200만 명을 돌파했고, 1955년에는 약 247만 명으로 지금보다도 훨씬 많은 인구를 자랑했으나 1997년 약 249만 명을 정점으로 이후 계속 인구가 감소하고 있습니다. 니가타현은 인구만 많았던 것이 아니라 하코다테(函館), 나가사키(長崎), 요코하마(横浜), 고베(神戸)와 더불어 메이지 시대의 개항 5항 중의 하나로 메이지 시대에는 일본에서도 가장 번성했던 곳이었습니다.

니가타현에는 창업 100년이 넘는 장수기업이 많습니다. 2019년 기준으로 1,379개사가 소재하고 있는데, 장수기업의 숫자로 볼 때 도쿄(3,363개사), 오사카(1,909개사), 아이치(1,758개사), 교토(1,403개사)에 이어 전국 5위에 해당합니다.

한편 우수한 쌀 품종으로 한국에도 잘 알려진 '고시히카리(こしひかり)'의 수확량이 전국 1위로 미곡 관련 산업이 크게 발달해 있습니다. 특히 오래전부터 주조가 활발하게 이루어져 니가타현 내에 88개의 주조장이 운영 중입니다. 한국에서도 호평받고 있는 고시노간바이(越乃寒梅), 구보타(久保田),

핫카이산(八海山) 등 일본을 대표하는 유명한 술 중 상당수가 니가타현의 술입니다. 매년 3월 초에는 일본 최대의 주류 시음행사인 '사케노진(酒の陣)'이 시내 컨벤션 센터에서 개최되는데 이 행사에는 일본 국내외에서 약 10만 명이 참여하여 대성황을 이룹니다.

한편 니가타현은 환동해권으로 한일 간 교류와 협력을 중시해 왔는데, 문재인 정부에서는 '한반도 신경제지도 구상'에서 니가타를 환동해권의 거점도시로 자리매김했습니다. 2015년 당시 문재인 새정치민주연합 대표는 8.15 광복 70주년 기자회견을 열어 남북 간 경제통일을 집권 비전으로 선언하며 '한반도 신경제지도 구상'을 발표했습니다.[2] '한반도 신경제지도 구상'은 환동해 경제벨트, 환서해 경제벨트, 접경지역 경제벨트의 3대 벨트 구축을 통해 한반도 신성장동력을 확보하고 북방경제와 연계를 추진한다는 구상입니다.[3] 아래 〈그림 2〉에서 이 구상을 발표하는 문재인 새정치민주연합 대표의 뒷배경에 환동해 경제벨트의 일본 거점도시로 니가타가 표시되어 있는 것을 볼 수 있습니다.

---

2) 「우리가 살 길은 경제통일」, 『뉴시스』, 2015.8.16., https://news.naver.com/main/read.naver?oid=003&aid=0006697761
3) 『문재인의 한반도 정책-평화와 번영의 한반도』(2017), 통일부, 21쪽.

<그림 1> 한반도 신경제지도

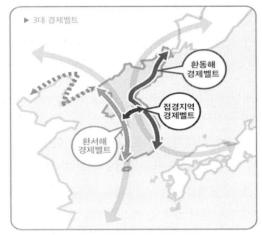

출처:『문재인의 한반도 정책 - 평화와 번영의 한반도』(2017)

<그림 2> 한반도 신경제지도 구상

'한반도 신경제지도 구상'을 발표하는 문재인 새정치민주연합 대표(2015.8.16.)

출처: 뉴시스

또한 니가타현의 새(県鳥)는 "보일 듯이 보일 듯이 보이지 않는 따옥따옥 따옥소리 처량한 소리"로 우리에게도 익숙한 새인 따오기인데, 따오기[일본어로 도키(とき, 朱鷺)]는 우리나라에서는 멸종되었다가 2008년 중국으로부터 한 쌍을 기증받아 복원에 성공하여, 2019년 5월 창녕군에서 야생 방사를 한 바 있습니다.[4] 일본 역시 1999년 중국에서 따오기를 들여와 니가타현 사도섬(佐渡島)에서 증식과 야생 방사에 성공했습니다. 이에 따라 따오기는 역사와 경제현안 문제 등으로 복합하게 얽힌 한중일 3국 협력의 상징으로 부상했고, 한중일 3국은 2018년 중국에서 제1회 「한중일 따오기 국제포럼」을 개최한 것을 시작으로 한중일에서 돌아가면서 해마다 따오기 포럼을 열기로 MOU를 체결하기도 했습니다.[5]

---

4) 창녕군청, 「제1회 우포따오기 야생방사」, https://www.cng.go.kr/tour/ibis/00005669.web
5) 「한중일 '따오기' 포럼 열고 MOU 체결」, 『경남일보』, 2019.7.11., http://www.gnnews.co.kr/news/articleView.html?idxno=416384

2
주니가타 총영사관 관할 지역의 역사 문제

   니가타에 대한 소개는 이 정도로 마치고, 다음은 주니가
타 총영사관의 관할 지역인 4개현에 얽힌 한일 간 역사 문제에
대해 살펴보겠습니다. 사실 유학 시절부터 시작해 일본에 십
수 년을 살았고 일본 연구자로서 일본에 대해 어느 정도 안다
고 자부하고 있던 저도 우리의 슬픈 역사가 일본 곳곳에 이렇
게 남아있는 줄은 잘 몰랐습니다. 주니가타 총영사관의 관할
지역에만도 여러 곳이 있으니 일본 전국에는 얼마나 많은 우
리의 역사들이 잠들어 있을까 생각해 보지 않을 수 없습니다.

1. 니가타현

북송사업

   니가타는 일본에서 북한으로 통하는 유일한 관문이었습

니다. 2006년 10월 북한의 미사일 발사, 핵 실험에 대한 제재로 일본이 모든 북한 선박의 입항 금지 조치를 취하기 전까지, 북한의 무역선 만경봉호가 원산-니가타 항로를 왕래했습니다. 또한 북한에 의한 일본인 납치 피해자로 잘 알려진 요코타 메구미(橫田めぐみ)도 니가타 출신으로 1977년 니가타의 바닷가에서 납치되었습니다. 이렇듯 니가타는 북한과 많은 관련이 있는 지역으로 북송사업도 니가타항을 통해 이루어졌습니다.

북송사업이란 해방 후에 이루어졌던 북한과 일본에 의해 추진된 재일조선인의 북한으로의 영주귀국 사업입니다.[6] 북송사업을 한일 간 역사 문제의 범주에 넣어 소개하는 것이 맞는지 고민했지만, 해방 후 재일조선인 자체가 일제 강점기로 인한 역사적 존재이므로 북송사업의 연원이 일제 강점기라는 점에서 이 부분에서 소개하는 게 맞다고 생각합니다. 특히 북송사업은 한반도와 관련하여 니가타를 소개할 때 빠뜨릴 수 없는 상징적 사건이기도 합니다. 재일조선인의 귀국에 부정적이었던 이승만 정부와 달리 북한은 일본에 조선학교를 설립하

---

6) 재일조선인의 북한으로의 영주귀국 사업에 대한 명칭은 이 사업을 어떻게 바라보느냐에 따라 다른데, 일반적으로 한국에서는 북송사업, 북한에서는 귀국사업, 일본에서는 귀환사업이라고 부른다. 여기에서는 '북송'이라는 표현을 사용하고 있는데, 북한이나 일본의 표현을 사용할 경우 따옴표(" ") 안에 표기하고 있다.

는 등 재일조선인의 북한에 대한 지지를 유도했습니다.

일본 정부는 1955년 말부터 재일조선인의 대량 "귀환"을 검토했습니다. 재일조선인의 생활보호비에 대한 부담, 일본 좌익운동과의 연계에 대한 우려, 그리고 통계적으로 증명되지는 않았지만, 재일조선인의 높은 범죄율 등이 일본 정부가 내세운 이유였습니다. 북한은 재일조선인을 순차적으로 받아들이겠다고 일본에 제안합니다. 북송사업은 북한과 일본의 이해가 맞아 비용은 북한이 부담하기로 하고, 관련 실무는 일본적십자사와 조선적십자회가 담당하여 추진하게 되었습니다.

북송 희망자, 일본식 표현으로 "귀환자"들은 일본 각지의 3,655개소에 설치된 일본적십자사의 창구에서 "귀환" 신청을 한 후 특별열차를 타고 니가타적십자센터에 집합하여 출국 전 4일간을 보내고 니가타항에서 "귀환선"을 타고 북한으로 갔습니다. 북송사업은 1959년 12월 14일 최초의 북송선이 니가타항에서 출항한 이래 1984년까지 이어졌고, 모두 93,340명이 북한으로 도항했습니다. 이 중 6,839명은 일본국적자였습니다.

당시 이승만 정부는 "귀국사업", "귀환사업"을 "북송사업"으로 칭하고, 재일조선인에 대한 우리 정부의 관할권을 침해하는 것이라며 재일본대한민국거류민단과 함께 강력하게 반대하였습니다. 이승만 정부는 북한에 대항하여 재일조선인의 한국 귀국사업을 추진하기도 하였으나 관련 비용을 일본이 부담할 것을 요구하여 실현되지 못했습니다.

한편 일본은 북송사업을 인도적 사업으로 선전하였으며, 언론들도 이에 찬동하는 기사를 앞다퉈 게재하였습니다. 몇 개만 예를 들어 보겠습니다. 1959년 12월 24일 자 산케이신문(産経新聞) "따뜻한 숙사와 마중, 제2차 귀국선 눈 내리는 청진 입항, 세심한 배려", 1960년 1월 9일 자 요미우리신문(読売新聞) "북한에 돌아간 일본인 아내들 '꿈같은 정월' 정말로 오길 잘했다", 1960년 2월 26일 자 아사히신문(朝日新聞) "귀환 희망자가 늘어난 것은 뭐니 뭐니 해도 '완전취직, 생활보장'으로 알려진 북한의 매력 때문인 듯".[7]

사도(佐渡) 광산

사도 광산은 최근 일본 정부가 유네스코 세계문화유산으로 등재하려고 하면서 우리나라에도 널리 알려지게 되었는데, 니가타현 사도섬(佐渡島)에 위치하고 있는 광산으로 1601년에 발견되어 도쿠가와 막부(德川幕府) 300년의 재정을 떠받쳐왔습니다. 사도 광산은 1601년부터 1989년에 폐광되기까

---

7) 「暖かい宿舎や出迎え／第二次帰国船雪の清津入港／細かい心づかいの受け入れ」, 『産経新聞』, 1959.12.24.;「北朝鮮へ帰った日本人妻たち「夢のような正月」ほんとうに来てよかった」, 『読売新聞』, 1960.1.9.;「北朝鮮帰還三カ月の表情」, 『朝日新聞』, 1960.2.26.

지 388년간 금 78톤, 은 2,330톤을 산출한 일본 최대의 금은 광산입니다. 그래서 일본에서는 '사도 금산' 혹은 '사도 금은산'이라고 부르기도 합니다. 사도 광산은 하나의 광산이 아니라 네 개의 주요한 금은 광산을 포함한 여러 광산으로 이루어져 있는데, 이 중 아이카와(相川) 금은산이 가장 규모가 크고, 일본 정부의 사적이나 중요문화재로 지정되어 사도의 관광 거점으로서 사도 광산을 대표하고 있습니다.

우리나라에는 사도 광산의 세계문화유산 등재에 관한 일본의 움직임이 최근에야 보도를 통해 알려지기 시작했지만, 사실 니가타현 사도시에서는 1997년에 사도섬의 유지들이 모여 「세계유산을 생각하는 모임」을 발족시켜 관련 활동을 시작했고, 니가타현에서도 2007년부터 지역 활성화를 목적으로 사도 광산의 세계문화유산 등재를 적극 추진해 왔습니다.[8]

니가타현은 2007년 「금과 은의 섬, 사도: 광산과 그 문화」로 문화청의 세계문화유산 후보지 공모에 지원한 것을 시작으로, 2010년에는 「금을 중심으로 한 사도 광산의 유적군」으로 일본 국내의 유네스코 문화유산 추천 잠정 리스트에 포함되었고, 다섯 번의 도전 끝에 2021년 12월 28일 세계문화유산 추천 후보로 선정되었습니다.

---

8) 佐渡市, 「佐渡金銀山を世界遺産に(新潟県 佐渡市)」, https://www.city.sado.niigata.jp/soshiki/2014/4386.html

2021년 4월에 이 강연을 하면서 저는 사도 광산에 대한 일본의 세계문화유산 등재 움직임이 본격화하면 사도 광산은 군함도에 이어 한일 간 쟁점으로 부상할 것이라는 전망을 한 바 있습니다. 강연 이후 2021년 12월 일본 문화청이 사도 광산을 세계문화유산 후보로 선정했고, 2022년 2월에는 각의에서 추천을 승인함으로써 일본 정부는 유네스코에 추천서를 제출하였습니다. 그리고 안타깝게도 제 전망대로 사도 광산의 세계문화유산 등재를 둘러싸고 한일 간에는 치열한 외교전이 전개되고 있으며, 악화될 대로 악화된 상대국에 대한 여론이 더욱 악화하고 있는 상황입니다.

사실 사도섬은 수려한 자연환경과 고찰 등 문화유산이 어우러져 천혜의 관광 자원을 가지고 있는 지역입니다. 사도섬은 우리나라에서도 잘 알려진 「센과 치히로의 행방불명」이라는 애니메이션의 배경이 되었던 곳이기도 하여 현재에도 니가타현에서 가장 많은 관광객이 방문하는 지역 중 하나입니다. 니가타현은 사도 광산이 세계문화유산으로 등재되면 니가타현이 자랑하는 아름다운 사도섬을 더욱 널리 알릴 수 있을 것이라고 생각하고 있습니다. 니가타현은 수려한 자연환경과 유서 깊은 온천 등 관광 자원이 많은 곳이지만 그다지 각광받는 관광지는 아니라서 민관이 혼연일체가 되어 어떻게든 관광객을 유치하여 지역 활성화를 꾀하려고 하고 있습니다.

〈그림 3〉 사도 광산

사도광산의 상징과도 같은 '도유노와레토(道遊の割戸)' 모습이다. 원래는 삼각형의 봉우리였으나 채굴로 인해 산 가운데가 V자로 깎이었다. 더 놀라운 것은 채굴이 모두 사람의 손에 의해 수작업으로 이루어졌다는 것이다. [필자 촬영]

그러나 지역 주민들이 사도 광산을 '자랑스럽게' 생각하는 것은 일본 역사교육의 부재, 역사인식의 부재를 드러내는 단적인 예라고 할 수 있습니다. 사도 광산은 일제 강점기 조선인 강제 동원 노동의 역사뿐만 아니라 보편적 인권의 관점에서도 접근해야 합니다. 에도 막부(江戸幕府)는 1778년부터

'무숙인(無宿人)'들을 잡아 사도 광산으로 보내 강제 노동을 시켰고,[9] 일제 강점기에는 무숙인의 자리를 조선인이 채웠습니다.

우리 정부는 제2차 세계대전 중에 사도 광산에서 약 1,200명의 조선인이 강제 노동에 동원되었다는 점을 지적하고 사도 광산의 세계문화유산 등재에 반대하고 있습니다. 반면 일본 정부는 TF를 조직하여 한국과의 역사전쟁에 대비하겠다는 방침입니다.

이렇게 한일 간에 사도 광산을 둘러싸고 역사전쟁이 벌어지고 있지만, 니가타현민들의 관심은 사도 광산의 세계문화유산 등재를 통한 지역 활성화에 있는 것으로 보입니다. 사도 광산을 알리는 홍보물이나 전시관 등 어디에서도 '인권'의 개념은 찾아볼 수가 없습니다. 또한 일제 강점기 가해와 피해의 역사에는 눈을 감고 추천 시기를 에도 시대(1603~1867)로 한정하여 "한국이 지적하는 강제 노동은 태평양 전쟁 중에 있었던 일로 추천 내용과는 시대가 다르다"고 주장하면서 "일본 최대의 금산이 보여주는 장대한 역사 로망"만을 홍보하고 있을 뿐입니다.

---

9) 무숙인(無宿人)이란 기근 등으로 인해 고향을 떠나 무호적자가 된 사람들을 가리키는 용어이다.

2. 나가노현

마쓰시로(松代) 대본영

'마쓰시로 대본영'이란 제2차 세계대전 말기에 일본 군부가 본토 결전에 대비하여 도쿄의 황궁 및 각 정부 부처를 옮기려는 극비 계획하에 건설한 지하 군사시설입니다. 대본영의 건설은 1944년 11월 조잔(象山)에서의 발파 작업을 시작으로 1945년 8월까지 진행되었고, 약 7,000명의 조선인 노동자가 강제 동원된 것으로 추정되고 있습니다.[10]

당시 건설되었던 지하호는 방치되어 있었으나 '오키나와전(沖縄戦) 연구반' 활동을 하던 그 지역의 고등학생들이 나가노시에 요청하여 1990년부터 나가노시 관광과에서 조잔 지하호의 일부를 개방하기 시작했습니다. 지하호 입구에는 나가노시 관광과에서 제작한 설명문이 설치되어 있는데, 2014년에 나가노시는 설명문 중 "주민과 조선인들이 강제적으로 동원되어"라는 문장에서 '강제적으로'에 흰색 테이프를 붙여 가렸다가 비판에 직면하자 문구를 수정하였고, 현재는 "반드시 모두가 강제적이지는 않았다는 등 여러 견해가 있다"라는 설명문이 설치되어 있습니다.

현지 시민단체, 민단 나가노현 지방본부와 조총련을 중

---

10) 상세는 「もうひとつの歴史館 · 松代」, http://www.matsushiro.org 참조.

심으로 1995년 지하호 입구에 〈조선인 희생자 추도 평화위령비〉(이하 '평화위령비')를 건립하고 매년 8월에 추모행사를 거행하고 있는데, 평화위령비 건립 25주년인 2020년 8월에는 저도 참석하였습니다. 놀라운 것은 저의 참석이 한국총영사로서는 첫 참석이었다는 것입니다. 평화위령비 건립 25주년이기도 했지만, 한국총영사가 처음으로 참석한다는 이유로 언론의 관심도 뜨거워 NHK를 비롯하여 지역 언론 등 많은 취재진이 모이기도 했습니다.

나가노 현지에서는 평화위령비 건립을 주도했던 시민들이 건립 이후 「마쓰시로 대본영 추도비를 지키는 모임」을 만들어 역사 바로 알기 및 평화운동을 전개하고 있으며, 매년 평화위령비 건립 기념일에 맞춰 조선인 희생자 추도행사를 주최하고 있습니다. 또한 조잔 지하호 바로 옆에는 「또 하나의 역사관·마쓰시로」가 있는데 이 역사관은 마쓰시로 대본영 지하호 공사에서의 강제 연행·강제 노동의 실상과 전쟁터뿐만 아니라 공사 현장에서도 일본군 '위안부' 제도가 운영되었다는 사실을 알리기 위해 1991년부터 시민들이 뜻을 모아 자발적 기금으로 1998년 2월에 설립한 것입니다.

3. 도야마현

후지코시(不二越) 근로정신대 문제

'후지코시 강재(鋼材) 주식회사'(이하 '후지코시')는 1928
년 도야마시에서 창업하여 제2차 세계대전 당시 군수물자를
생산했던 기업으로 여자근로정신대를 가장 많이 동원한 기업
입니다. 후지코시는 전쟁 말기에 인력과 물자 부족에 시달리
자 1944년부터 한국의 12~15세 소녀들 약 1,100명(후지코시
측 기록에 의하면 1,090명)을 교육, 상급학교 진학 등 거짓 약
속으로 근로정신대에 강제 동원하여 급여도 제대로 지급하지
않은 채 가혹한 노동을 시켰습니다.

피해자 3명이 1992년에 처음으로 후지코시를 상대로 도
야마 지방재판소에 손해배상 소송을 냈지만, 한일청구권협정
으로 개인청구권이 소멸되었다는 이유로 기각되었습니다.
2003년 피해자 23명이 후지코시와 일본 정부를 상대로 2차
소송을 제기하였지만 또 기각 판결을 받았습니다. 일본 최고
재판소도 2011년 피해자들의 상고를 기각했습니다.

2012년 5월 한국 대법원이 신일철주금 피해자들이 제기
한 손해배상 소송에서 한일청구권협정으로 개인청구권이 소
멸되었다고 볼 수 없고, 일본 법원 판결의 국내 효력도 인정
되지 않는다는 결론을 내자 2013년에 후지코시 근로정신대
피해자와 유가족 30여 명이 우리 법원에 다시 소송을 제기했

습니다. 1심 법원은 신일철주금에 대한 대법원의 판결 취지에 따라 후지코시가 피해자들에게 위자료로 1인당 8,000만 원에서 1억 원을 배상하라고 판결했습니다. 항소심은 신일철주금 사건의 대법원 판결을 기다리기 위해 재판 일정이 중단된 채로 계속 계류되었습니다만, 2018년 10월 신일철주금 강제 동원 피해자에 대해 대법원이 최종 승소 판결했고, 서울고법도 2019년 1월 18일 후지코시가 피해자에게 위자료를 지급하라는 1심 판결을 그대로 유지했습니다.

나가노현의 마쓰시로 대본영의 지하호가 시민들에게 개방되고, 설명문의 왜곡이 수정되고, 조선인 희생자 평화위령비가 건설되는 데 일본이 일으킨 전쟁을 반성하고 사죄하며 미래로 나아가고자 하는 일본 시민들의 행동이 있었듯이, 도야마현에도 「후지코시 강제 연행·강제 노동 소송을 지원하는 호쿠리쿠(北陸)연락회」(이하 '호쿠리쿠연락회')[11]가 있습니다.

호쿠리쿠연락회는 1990년대부터 회원 200여 명이 사비를 털어 후지코시의 강제 연행·강제 노동 피해자를 위한 집단소송을 지원해 오고 있는 시민단체로 현재까지도 활발한 활동을 이어 오고 있습니다.[12] 최근에는 2022년 2월 22일 후

---

11) 不二越強制連行·強制労働訴訟を支援する北陸連絡会, https://fujisosho.exblog.jp

12) 「강제노동 소송 지원 일본 단체 "모든 책임 일본 정부에 있다"- 호쿠리

지코시 주주 총회에 강제 연행·강제 노동에 대한 반성과 사죄를 촉구하는 사전 질문서를 보내는 한편, 총회 당일에는 회의장 앞에서 시위를 하기도 했습니다. 호쿠리쿠연락회가 후지코시 주주 총회에 보낸 사전 질문서의 앞부분 일부를 소개하면 다음과 같습니다.

"(일본)정부의 사도 금산 세계유산 등록 신청 결정을 계기로 일본의 강제 노동 문제가 유네스코를 무대로 국제 문제가 될 것 같습니다. 후지코시 경영진이 「강제 연행·강제 노동·미지불 임금은 없다」는 태도를 계속 취한다면 한국·중국은 물론이고 전 세계로부터 비판받게 될 것입니다.

후지코시 소송 원고는 식민지하의 한국으로부터 강제 연행된 산 증인입니다. 그녀들은 주주 총회에 몇 번이나 출석하여 경영진에게 대화를 요구하며 필사적으로 호소하였습니다. 후지코시 경영진은 무엇보다도 우선 강제 연행의 역사를 진지하게 바라보고 눈앞에서 호소하고 있는 고령의 피해자들과 마주하시기 바랍니다. 주주 여러분, 후지코시가 '인권기업'으로서 걷기 시작할 수 있도록 함께 목소리를 높여 갑시다."[13]

쿠연락회 사무국장 인천 방문, 피해 할머니 만나」, 『한겨레』, 2019.9.5., https://www.hani.co.kr/arti/area/capital/908574.html?_ga=2.117730766. 616399516.1651034843-923231203.1628662472

13) 不二越強制連行·強制労働訴訟を支援する北陸連絡会, 「2022年2月22日, 不二越株主総会行動へ」, https://fujisosho.exblog.jp/31006412/

4. 이시카와현

윤봉길 의사 암장지와 순국기념비

윤봉길 의사(1908.6.21.~1932.12.19.)에 대해 모르는 분은 거의 없을 것입니다. 그러나 윤봉길 의사가 이시카와현 가나자와시(金沢市)에 있는 구금소에 구금되었다가 처형되었고, 그곳에 암장되었다는 사실을 아는 분은 많지 않은 것 같습니다.

윤 의사는 1932년 4월 29일 중국 상하이(上海) 홍커우 공원에서 열린 천장절 행사에서 폭탄을 던져 항일 독립운동을 만천하에 알리는 의거를 결행했습니다. 윤 의사는 거사 직후 현장에서 체포되었고, 5월 25일 상하이 파견군사령부 군법회의에서 사형선고를 받았습니다. 11월 18일 일본 오사카 육군구금소로 이감되었고, 12월 18일 다시 가나자와 육군구금소로 옮겨져, 다음 날인 12월 19일 육군 공병작업장에서 총살형을 당해 향년 24세로 순국하였습니다.

처형 이후 일본군은 윤 의사의 시신을 노다산(野田山) 공동묘지 관리소로 가는 좁은 길목 쓰레기장 근처에 암매장했습니다. 광복 이후 故 박성조 씨를 비롯한 재일동포들이 유해 발굴을 위해 헌신적으로 노력한 끝에, 1946년 3월 6일 윤의사의 유해를 발굴하였습니다. 윤 의사의 유해는 1946년 5월

15일 고국으로 돌아왔고, 6월 30일 서울 효창공원의 '삼의사' 묘에 안장되었습니다.

1992년 윤봉길 의사 순국 60주년을 맞이하여 민단 이시카와현 지방본부, 민단 중앙본부, 매헌 윤봉길 의사 의거 60주년 기념사업 추진위원회를 중심으로 윤 의사가 순국 후 암매장되었던 곳 근처에 「윤봉길의사 순국기념비」를 건립했습니다. 순국기념비 건립 및 암장지 보호에는 야마데 다모쓰(山出保) 당시 가나자와시 시장을 비롯한 현지 일본 시민단체들의 많은 지원이 있었습니다.

윤 의사 순국기념비와 암장지에서는 '매헌 윤봉길의사 기념사업회' 주관으로 상하이 의거가 있었던 4월 29일에 기념행사, 순국하신 12월 19일에 추모행사를 매년 개최하고 있습니다. 윤 의사는 비록 일본인들에 의해 일본 땅 가나자와에서 무참히 처형되었지만, 이렇게 가나자와에서 윤 의사를 매년 추모할 수 있는 것은 유해 발굴부터 시작해서 많은 어려움에도 불구하고 이곳을 지켜낸 민단 이시카와현 지방본부 단원들을 중심으로 한 재일동포들의 헌신적 노력이 있었기에 가능한 것이었습니다. 그리고 또 하나, 저는 자신들의 가해의 역사를 직시하고 우익의 공격으로부터 이곳을 보호해 준 야마데 전 가나자와 시장을 비롯한 일본인들의 노력도 우리가 알아야 한다고 생각합니다. 가나자와시는 순국기념비 건립

부지를 무상으로 제공하였으며, 암장지를 영구임대하고 있습니다. 또한 앞서 소개했던 후지코시 근로정신대 피해자를 지원하는 일본의 시민단체인 호쿠리쿠연락회도 윤 의사의 암장지를 찾는다고 합니다.[14]

〈그림 4〉 윤봉길 의사 암장지 　　　〈그림 5〉 윤봉길 의사 순국기념비

윤봉길 의사 순국기념 행사에 참석하여 암장지에서 술잔을 올리는 필자. 술을 따라주시는 분은 '윤봉길 의사 암장지 보존회'와 '월진회' 일본지부 회장을 맡고 계시는 박현택 씨.(그림 4) 순국기념비 앞에서 추도사를 낭독하는 필자.(그림 5)

---

14) 「윤봉길 日암장지보존회장 "민족이 있는 한 그분도 영원히 산다"」, 『연합뉴스』, 2019.2.27., https://www.yna.co.kr/view/AKR201902270 17600073?input=1179m

3

한일관계 개선·발전을 위한
주일 한국 총영사관의 역할

외교의 3대 축은 정무외교, 경제통상외교, 공공외교라고
할 수 있습니다. 총영사관에서도 정무·경제·공공외교를 수
행하며, 아울러 재외국민·재외동포의 생명과 재산 보호, 우
리 국민에 대한 여권 발급 및 외국인에 대한 비자 발급 등의
영사 업무 등을 합니다. 최근에는 "문화·지식·정책 등을 통
하여 대한민국에 대한 외국 국민들의 이해와 신뢰를 증진시
키는 외교활동(공공외교법 제2조)"인 공공외교의 중요성이
점차 높아지면서 총영사관의 업무에서도 공공외교의 비중이
높아지고 있는 추세입니다.

1. 지방 교류·시민 교류로 극복하는 한일관계

제가 총영사로 재직하는 동안 가장 심혈을 기울였던 부

분은 '교류'입니다. 연구자로서도 시민의 자발성이 갖는 사회 변화의 추동력을 늘 믿어 왔고, 그런 믿음의 연장선에서 한일 관계에서도 시민 교류가 갖는 중요성을 늘 강조해 왔던 터라 총영사 재직 기간은 그런 저의 믿음을 실천하는 시기이기도 했습니다.

비록 결실을 보지는 못했지만, 재직 후 가장 공을 들인 사업은 니가타현과 우리나라 광역지방자치단체와의 교류를 추진하는 것이었습니다. 〈표 3〉 주니가타 총영사관 관할 4개 현의 우리나라 지자체와의 교류 현황을 보시면 아시겠지만, 나가노현은 서울특별시와 강원도, 도야마현은 강원도, 이시카와현은 전라북도와 교류를 하고 있는데, 총영사관이 소재하고 있는 니가타현만 우리나라 광역지자체와의 교류가 없습니다.

저는 니가타현 지사와의 면담을 비롯하여 각종 강연과 인터뷰, 행사 참석 시 지방교류의 중요성을 강조하여 지역 내 오피니언 리더들의 동의와 여론 조성에 힘쓰는 한편, 한국의 전국시도지사협의회에도 공문을 보내 니가타현과 교류를 희망하는 지자체를 알아보았습니다. 다행히 한국에서도 호응이 있어 가시적 성과가 나오려고 하던 시기에 일제 강점기 강제동원 피해자들에 대한 대법원의 배상 판결, 일본 정부의 우리나라에 대한 화이트리스트 배제 등으로 한일관계가 급격히 경색되었고, 이에 따라 한일 양측의 지자체에서도 교류를 추진하는 데 부담을 느껴 더 이상 진전되지 못했습니다. 여기에 2019년 초부터는 코로나19로 인해 한일 간 인적 왕래마저 자유롭게 이루어지지 못하는 상황이 되었습니다. 저는 임기를 마치고 귀국하기 전 이임 인사를 하러 다니면서 니가타현과 우리 지자체와의 교류에 물꼬는 터놓았으니 꼭 교류를 실현시켜 달라는 요청을 잊지 않고 했습니다.

〈표 3〉 한국 - 주니가타 총영사관 관할현 지방자치단체 간 교류 현황

관할현	일본 지자체	한국 지자체	체결시기	구분
니가타현	니가타시(新潟市)	울산광역시	2006.9	우호교류
	조에쓰시(上越市)	경상북도 포항시	1996.4	우호교류
	시바타시(新発田市)	경기도 의정부시	1989.11	우호교류
	쓰난마치(津南町)	경기도 여주시	1999.7	우호교류
나가노현	나가노현	서울특별시	2016.11	관광교류
		강원도	2016.12	우호교류
도야마현	도야마현	강원도	1993.2	우호교류
	구로베시(黒部市)	강원도 삼척시	1998.11	우호교류
	다테야마마치(立山町)	서울특별시 강북구	2005.4	자매결연
이시카와현	이시카와현	전라북도	2001.9	우호교류
	가나자와시(金沢市)	전주시	2002.4	자매결연
	나나오시(七尾市)	김천시	1975.10	자매결연

제가 지방 교류를 중요하게 생각하는 것은 지자체 간 교류가 시민 교류의 지속성을 담보할 수 있는 기반이 되기 때문입니다. 비록 니가타현은 한국의 광역자치단체와 교류가 없지만, 니가타현의 조에쓰시(上越市), 시바타시(新発田市), 쓰난마치(津南町)는 각각 포항시, 의정부시, 여주시와의 지자체 간 교류를 기반으로 청소년 교류, 스포츠 교류 등 다양한 부문에서 활발히 교류를 이어 오고 있습니다.

한편 오랜 기간의 청소년 교류가 지자체 교류로 이어지는 사례도 있었습니다. 니가타현의 미나미우오누마시(南魚沼市)에 소재한 시오자와(塩沢)중학교와 강원도 평창군 대관령중학교는 1987년부터 교류를 시작하여 코로나19로 인해 어쩔 수 없이 교류가 불가능해진 상황을 제외하면 단 한 해도 거르지 않고 30여 년간 교류를 이어왔습니다. 저는 30여 년간 이어져온 청소년 교류의 의미를 널리 알리고 싶은 마음에 「다카마도노미야(高円宮) 기념 일한교류기금」에 추천서를 보냈고, 우수한 청소년·풀뿌리 교류 사례로 선정되어 2018년 12월 도쿄의 한국문화원에서 표창장이 수여되었습니다.[15] 이를 계기로 미나미우오누마시에서는 2019년부터 시오자와중학교에 한정했던 교류를 시 전체로 확대하여 교류 희망자를 공모했

---

15) 高円宮記念日韓交流基金,「日韓草の根交流·第十回顕彰式典(2018年 12月13日)」, http://www.p.takamado-jke.jp/event/201812/kenshousikiten2018.html

고, 공모 결과 8명의 학생이 선발되었습니다. 저는 학생들이 대관령중학교를 방문하기 전 미나미우오누마시를 방문하여 이들과 간담회를 했습니다. 중학생 8명과의 간담회였지만 간담회에는 미나미우오누마시의 시장, 교육감, 일한친선협회 회장 등 지역의 주요 인사들도 참석하였고, 니가타일보(新潟日報)에서 취재를 나와 한국총영사와 지역 중학생들과의 한일 청소년 교류에 대한 간담 내용을 보도하기도 했습니다. 학생들이 한국을 방문하고 온 후에는 관저로 초청하여 차담회를 가졌는데, 학생들은 이구동성으로 한일관계 경색으로 인해 방한 전에 가졌던 불안과 긴장이 전부 해소되었음은 물론 한국과 한국인에 대해 가졌던 자신들의 생각이 틀렸다는 것을 인식하는 좋은 계기가 되었다고 말해 '교류'의 중요성을 다시 한 번 실감했습니다.

〈그림 6〉 미나미우오누마시 방한 중학생들과의 간담회(2019.12.4.)

저는 미나미우오누마시 시장님에게 청소년 교류에 그칠 것이 아니라 평창군과 지자체 교류를 맺기를 권했고, 시장님은 흔쾌히 30여 년간 이어온 중학생들 간의 교류를 이제는 어른들이 이어받아 더욱 발전시켜 나가겠다고 약속했습니다. 그러나 아쉽게도 미나미우오누마시와 평창군 간의 지자체 교류 추진도 현재는 코로나19로 인해 답보 상태입니다. 다만 제가 만난 지역 주민들은 한일관계와 관계없이 지방 간 교류, 시민 간 교류는 지속해 나가겠다는 의지가 강하고, 이러한 중단 없는 풀뿌리 교류가 국가 간 관계를 지탱해 나가는 힘이라는 굳은 신념을 갖고 있었기에 코로나19가 진정되면 지자체 교류를 위한 움직임은 재개될 것이라고 믿습니다.

2. '문화의 힘'으로 극복하는 한일관계

21세기는 소프트파워의 시대입니다. 이제 문화가 곧 국력임을 부정하는 사람은 아무도 없습니다. 한일관계의 경색과 전혀 상관없이 일본에서 한국 문화가 많은 사랑을 받고 있는 것은 잘 알고 계실 것입니다.

총영사관의 업무에서도 한국 문화를 통한 한국 홍보 및 대한국 인식 개선은 중요한 비중을 차지하고 있습니다. 사실 일제 강점기 일본군'위안부' 피해자 문제, 강제 동원 노동자 피해자 문제, 일본의 독도 영유권 주장 등 한일 간에 풀리지 않은 복잡한 현안들이 있는 상황에서 소프트파워를 통해 한일관계 개선을 꾀하기는 쉽지 않습니다. 그러나 공공외교는 주재국에서 대중의 마음을 얻고 지지를 확보하는 외교 활동으로 외교 정책의 성공적 수행에 중요한 역할을 합니다. 다시 말해 공공외교는 현안 해결을 보다 용이하게 하는 기반 만들기이며, 경색된 관계가 더 이상 악화되지 않도록 하는 방파제와 같은 것이라고 할 수 있습니다.

이러한 목적에서 주니가타 총영사관이 주최하는 한국문화 행사는 월례 행사로는 「친근한 한국」이라는 이름의 문화 행사가 있습니다. 이 행사는 △ 한국 영화 상영, △ 한국 요리교실, △ 강연회를 3개월 주기로 매월 돌아가면서 1회 개최하는 행사입니다. 이 중 요리교실은 특히 인기가 많아 항상 참가 가능 인원보다 신청자가 훨씬 많습니다. 요리교실을 개최하는 달에는 추첨으로 참가자를 선정할 정도입니다. 연례행사로는 한일축제한마당의 니가타판이라고 할 수 있는 「한일 한가위축제 in 니가타」(이하 '한가위축제')가 있습니다.

친근한 한국, 한가위축제 모두 지역민들로부터 상당히 인기가 있습니다만, 저는 특히 오늘 「한일 한가위축제 in 니가타」에 대해 개인적 감회를 곁들여 소개드리고자 합니다.

앞에서도 말씀드렸듯이 제가 재임 중 가장 중점을 둔 것은 '교류'입니다. 형식이 아닌 마음으로 만나는 '얼굴이 보이는 외교'야말로 미래로 이어진다고 믿기 때문입니다. 부임 후 처음으로 했던 2018년의 한가위축제는 공관 개설 40주년을 기념하는 의미를 담아 개최한 행사였기에 매우 뜻깊은 행사였습니다만, 저의 3년간의 재임 기간 중 가장 기억에 남는 행사는 2019년의 한가위축제였습니다. 2019년은 여러분도 잘 아시다시피 한일관계가 국교 정상화 이래 최악이라고 말해지던 시기였고, 그 영향으로 한일 간에 예정되었던 많은 교류 행사들이 취소되거나 중지되었습니다. 우리 공관에서는 한일 교류의 의미를 강조하는 취지에서 연초부터 니가타현 시바타시와 경기도 의정부시의 우호교류 30주년을 기념하는 의미를 담아 행사를 개최하기로 하고, 한가위축제의 부제도 '지역교류로 잇는 한일 우호'로 정하고 행사를 준비했습니다.

그러나 2019년 하반기 들어 일본의 한국에 대한 수출규제 조치와 이에 따른 한국 시민들의 'No Japan 운동' 전개 등으로 한일관계는 더욱 경색되었고 한가위축제에 참가 예정이었던 의정부시립무용단도 방일에 부담을 느껴 행사가 제대로 치러질지 불안한 상황이었습니다. 지역 언론으로부터 한가위축제를 예정대로 개최하는지, 혹은 개최한다 하더라도 규모를 축소하는 건 아닌지 문의가 이어졌지만, 저는 이런 때일수록 행사를 예정대로 진행해야 한다고 생각했고, 의정부시에도 예정대로 시립무용단을 파견해줄 것을 지속적으로 요청하였습니다.

행사 당일은 관객이 어느 정도나 입장할지 초조한 마음이었습니다만, 행사 시작 전부터 입장을 기다리는 시민들이 행사장 밖까지 길게 늘어섰고, 니가타시에서 가장 큰 콘서트홀인 '류토피아[16] 콘서트홀'은 시민들로 점점 메워져 당초 2층까지만 열기로 했던 객석을 3층까지 열었습니다. 그날 입장한 관객은 약 1,300명이었습니다. 인사말을 하기 위해 무대에 올라선 저는 콘서트홀을 가득 메운 시민들을 보고 감격에 목이 잠시 메었고, 관객들은 저에게 우렁찬 박수를 보내 주었습니다.

태권도 시범, 의정부시립무용단의 전통무용 공연, 그리고 세종대왕의 훈민정음 창제의 고뇌를 그린 뮤지컬 '1446'과 니가타의 K-pop 전문학교 학생들의 K-pop 무대로 이루어진 이 날 행사는 대성황이었습니다. 참가한 모두가 '교류'를 통한 '한일 우호'의 의미를 되새기고 '문화의 힘'을 느낀 훌륭한 행사였다고 자부합니다.

---

16) 니가타시에는 버드나무가 많이 심어져 있어 일명 '柳都'로 불린다.

〈그림 7〉 한일한가위축제 in 니가타 2019

'한일한가위축제 in 니가타 2019' 포스터(상단 좌), 인사말을 하는 필자(상단 우), 개막 전부터 입장을 위해 길게 줄을 선 관객들(하단 상), 류토피아 콘서트홀을 3층 객석까지 가득 메운 관객들(하단 하)

3. 지속적인 대일 메시지 발신

공공외교는 △ 문화 공공외교, △ 지식 공공외교, △ 정책 공공외교로 나눌 수 있습니다. 그런데 주니가타 총영사관을 비롯한 많은 재외공관들이 인적, 재정적 여건을 비롯한 여러 여건으로 인해 주로 문화외교에 치중하고 있습니다. 사실 주재국 국민들이 원하는 것은 K-pop 스타들의 공연이지만, 유명 연예인의 출연료는 재외공관의 재정으로 감당하기에는 너무 비쌀 뿐 아니라 유명 연예인의 공연을 굳이 국민의 세금으로 재외공관에서 할 필요도 없습니다. 그러다 보니 결국 공공외교의 취지에 부합하면서 재정적으로도 감당 가능한 전통문화 공연을 하는 경우가 많습니다.

한편 공공외교의 목적에 부합하면서 예산도 별로 들지 않고 성과는 매우 큰 것이 지식 공공외교, 정책 공공외교입니다. 강연 및 인터뷰를 통한 공관장의 시의적절한 대일 메시지는 매우 중요하고 효과적인 공공외교 활동입니다. 더욱이 공관에서 개최하는 문화행사의 경우는 이미 한국에 관심을 갖고 있는 사람들이 참가하는 경향이 높은 반면, 강연은 '찾아가는 공공외교'로 한국에 대해 관심이 없거나 잘못된 인식을 갖고 있던 주재지 시민들에게 한국에 대한 홍보 및 교육의 효과를 높일 수 있다는 장점이 있습니다.

코로나19로 인해 입국 규제가 이루어지기 전인 2019년
은 방일 한국인은 약 754만 명, 방한 일본인은 약 295만 명으
로 한일 인적교류 1,000만 시대를 연 해였습니다. 저는 일관
되게 '교류'를 강조해 왔지만, 교류 확대가 한일관계 개선으로
이어지기 위해서는 상대국에 대한 단순한 호감을 넘어 인식
개선이 이루어져야 한다고 생각합니다. 그런 의미에서도 문
화외교도 중요하지만, 일회성의 문화행사보다 지식 공공외교,
정책 공공외교의 비중을 더욱 늘려나가야 합니다.

　　제 경우를 보더라도 재임 기간 중 평창동계올림픽을 비
롯하여 남북정상회담, 북미정상회담 등 한반도 평화프로세스
등과 관련한 굵직한 이벤트들이 있었고, 코로나19 발생 이후
에는 K방역에 대한 관심이 높아 강연과 인터뷰 요청이 많았
습니다. 앞에서 2019년 '한가위축제'에서의 감동을 소개했습
니다만, 재임 기간 중 제가 감동받아 소중하게 간직하고 있는
기사를 하나 소개하고자 합니다.

　　2019년 9월 13일의 '한가위축제' 개최를 일주일 앞두고
있던 9월 5일에 니가타일보와 한 인터뷰인데, 인터뷰 요지는
"한일관계가 국교 정상화 이래 최악이라고 하는데 저는 그렇
게 생각하지 않는다. 그 이유는 첫째, 한국 시민의식의 성숙,
둘째, 인적 교류의 필요성과 지속성에 대한 양국 시민들의 강
한 의지다. 한일 양국의 관계가 악화돼서 얻을 수 있는 것은

아무 것도 없지만, 관계가 좋아서 얻을 수 있는 이익은 무한하다. 외교의 목적이 국익 실현이라면 지금의 악화된 관계는 일시적인 것이어야 하고 관계 개선은 필수다"라는 것이었습니다.

저의 인터뷰 기사가 실린 후 9월 11일 니가타시에 거주하는 74세 독자가 쓴 다음과 같은 내용의 투고가 게재되었습니다. "기다리고 기다리던 정보를 만났다는 생각이 들었다. 지금의 한일관계가 최악이 아니라고 생각하고 민간교류에 대한 쌍방의 의지가 강하다는 9월 5일 자 정미애 총영사 인터뷰 기사가 그것이다. (중략) 우리들 니가타 시민들이 나설 차례다. 이웃나라 국민과 사이좋게 평화롭게 살아가기 위해 시민 한 사람 한 사람이 땀과 지혜로 풀뿌리 활동을 해나가야 할 때이다."

감동이었습니다. 저의 마음이 통했고, 이런 마음들이 모여서 한일관계는 발전되어 갈 것이라는 믿음도 생겼습니다. 한일관계를 단지 국가 간 관계로만 볼 것이 아니라 중앙정부-지방-시민의 다층적 접근이 필요하다는 저의 평소 믿음이 더 강해지는 순간이기도 했습니다.

한편 저는 '찾아가는 공공외교'를 통해 지식 공공외교, 정책 공공외교를 전개하고자 노력했는데, 관할 4개현의 일한친선협회, 로터리클럽, 대학 등 다양한 기관과 조직에서의 강연 및 언론과의 인터뷰를 적극 활용하였습니다. 가장 강조한 메시지는 한일이 가깝고도 먼 나라가 아니라 가깝고도 가까운 나라가 되기를 희망한다는 것과 이를 위해서는 역사인식과 상대국에 대한 이해가 중요하다는 점입니다. 역사인식은 일본에만 해당되는 이야기가 아니라, 일본은 1945년 이전 일제 강점기의 불행한 역사를, 우리는 1945년 이후 한일관계 변화의 역사를 알 필요가 있으며 이러한 인식 위에서 과거를 직시하고 미래로 나아가는 것이 필요하다고 생각합니다.

특히 강연의 경우, 20대 유학생 시절부터 50대에 총영사가 되기까지 여러 차례에 걸친 십수 년간의 저의 일본 체재 경험을 섞어가며 하면 상당한 공감을 이끌어낼 수 있었습니다. 결국 외교는 상대의 마음을 얻는 것이라고 생각합니다. 우리도 주한 외교관이 한국어를 잘하고, 한국 음식을 잘 먹고, 한국 문화에 대해 조예가 깊으면 우선 호감을 갖게 되는 것처럼 어느 나라나 마찬가지입니다. 특히 일본과 같이 국가 간 관계가 원활하지 않은 경우에는 더더욱 상대를 더 잘 아는 외교관이 필요하다고 생각합니다. 그런 의미에서 한일관계의 개선·발전을 위해서는 일본을 아는 외교관이 더욱 절실히 요구되는 시점이라고 생각합니다.

4

맺음말을 대신하여 :
'21세기 새로운 한일 파트너십
공동선언'의 의미

　　제21대 대통령 선거에서 여야 후보는 모두 한일관계 개선을 위해 '21세기 새로운 한일 파트너십 공동선언', 즉 '김대중-오부치 선언'을 계승하겠다고 강조하였습니다. 김대중 대통령과 오부치 게이조(小渕恵三) 총리는 한일 양국이 21세기의 확고한 선린 우호협력 관계를 구축해 나가기 위해서는 양국이 과거를 직시하고 상호 이해와 신뢰에 기초한 관계를 발전시켜 나가는 것이 중요하다는 데 의견 일치를 보았습니다. 오부치 총리는 일본이 과거 식민지 지배로 인하여 한국 국민에게 다대한 손해와 고통을 안겨주었다는 역사적 사실을 겸허히 받아들이면서 이에 대하여 통절한 반성과 마음으로부터의 사죄를 했고, 김대중 대통령은 이러한 오부치 총리의 역사 인식 표명을 진지하게 받아들이고 이를 평가하는 동시에 양국이 과거의 불행한 역사를 극복하고 화해와 선린 우호협력에 입각한 미래지향적인 관계를 발전시키기 위해 서로 노력하는 것이 시대적 요청이라는 뜻을 표명했습니다.

과거를 직시하고 상호 이해와 신뢰에 기초하여 한일관계를 발전시켜 나가야 한다는 '김대중-오부치 선언'의 기본 정신이 지금도 한일관계 개선의 원칙임은 두말할 나위가 없습니다. 저는 강연을 할 때 도쿄에서 '김대중-오부치 선언'을 발표한 1998년 10월 8일에 김대중 대통령이 일본 국회에서 하신 연설의 일부를 낭독하는 것으로 항상 맺음말을 대신했습니다. 오늘도 마찬가지로 김대중 대통령의 연설문의 일부로 맺음말을 대신하겠습니다.

"한국과 일본의 관계는 참으로 길고 깊다고 할 수 있습니다. 우리 양국은 1,500년 이상이나 되는 교류의 역사를 가지고 있습니다. … 그에 비해 역사적으로 일본과 한국의 관계가 불행했던 것은 약 4백 년 전 일본이 한국을 침략한 7년간과 금세기 초 식민지배 35년간입니다. 이렇게 50년도 안되는 불행한 역사 때문에 1,500년에 걸친 교류와 협력의 역사 전체를 무의미하게 만든다는 것은 참으로 어리석은 일입니다. 또한 이는 그 장구한 교류의 역사를 만들어 온 우리 두 나라의 선조들에게, 그리고 장래의 후손들에게 부끄럽고 지탄받을 일이지 않겠습니까. … 1965년 한일 국교 정상화 이후 우리 두 나라 사이의 교류와 협력은 비약적으로 확대되었습니다. 이제는 서로에게 필요불가결한 동반자적 관계로 발전한 것입니다. … 이제 한일 두 나라는 과거를 직시하면서 미래지향적인 관계를 만들어나가야 할 때를 맞이했습니다. 과거를 직시한다는 것은 역사적 사실을 있는 그대로 인식하는 것이고, 미래를 지향한다는 것은 인식된 사실에서 교훈을 찾고 보다 나은 내일을 함께 모색한다는 뜻입니다.

일본에게는 과거를 직시하고 역사를 두렵게 여기는 진정한 용기가 필요하고, 한국은 일본의 변화된 모습을 올바르게 평가하면서 미래의 가능성에 대한 희망을 찾을 수 있어야 합니다."

경청해주셔서 감사합니다.

〈니가타에서 본 한일관계〉 토론문

오승희

(서울대 일본연구소)

정미애 총영사님의 일본 현지에서의 생생한 경험과 많은 활약들, 그리고 한일관계 개선을 위한 고민들이 담긴 발표문 감사히 읽었습니다. 코로나19로 인해 한일 간 민간교류와 현지방문이 어려웠던 때에 일본에서의 활동에 대한 설명을 직접 들을 수 있어 많은 도움이 되었습니다. 생생한 경험담을 듣는 것만으로도 충분하다고 생각됩니다만, 발표문에 담긴 많은 내용들 중에서 특히 의미 있게 와닿은 내용들을 다시 한 번 정리해 보았는데요, 추가적인 설명이나 말씀이 가능하다면 부탁드리겠습니다.

1. 니가타의 동아시아 내 지정학적 중요성

발표문을 통해 다시 한번 중요성을 확인할 수 있었던 것은 역시 니가타의 지리적 위치의 중요성이었습니다. 2019년 3월 24일 니가타일보 기고문 "동북아시아를 읽다 : 한반도 평화가 이끄는 '동북아시아 평화'"에서 나타난 바와 같이, 철도를 중심으로 다국간 경제협력체제를 만들어 이를 다국간안보협력체제로 전환하는 데 러시아 - 일본 - 한국의 연결지점으로서의 니가타의 지리적 중요성을 확인할 수 있었습니다.[17]

이러한 니가타의 지정학적 중요성을 2018년 5월 22일 아사히(朝日)TV 인터뷰에서 "니가타는 한반도로 통하는 관문(玄関口)"으로 표현하신 바 있으신데, 이 "관문"이라는 표현의 설명에 대한 반응은 어떠했는지요?

〈니가타 - 부산 - 나진·선봉 - 블라디보스토크〉 네트워크는 앞으로도 주목할 필요가 있다고 생각됩니다. 다만 한국에서는 관심도가 상당히 낮은 것으로 예상되는데, 한국 정부의 니가타에 대한 전략적 고려가 어떻게 나타나고 있는지, 니가타에 대한 현재까지의 평가와 앞으로의 협력 가능성에 대해서는 어떠한 경험을 하셨는지 말씀 부탁드립니다.

---

17) 「北東アジアを読む : 韓半島が導く共同繁栄-経済と平和の好循環へ」, 『新潟日報』, 2019.3.24. (鄭美愛(駐新潟大韓民國總領事館總領事) 기고문)

2. 북일관계의 역사에서 니가타의 중요성

니가타는 북일관계의 역사에서 빼놓을 수 없는 중요한 지역입니다. 발표문에서 설명해 주신 바와 같이 1959년 최초의 북송선이 니가타항에서 출항한 이래 1984년까지 이어졌고, 당시 북일 간 국교가 없으므로 관련 실무는 일본적십자사와 조선적십자회가 담당하고 비용은 북한이 부담한 바 있으며 니가타적십자센터와 니가타항을 통해 북송이 이루어졌습니다. 관련해서 북송 문제에 대한 연구는 테사 모리스-스즈키(Tessa Morris-Suzuki)의 *Exodus to North Korea* (『북한행 엑서더스: 그들은 왜 '북송선'을 타야만 했는가?』)를 통해 좀 더 많이 알려졌습니다만, 여전히 한국에서는 일반적으로 많이 알려지지 않은 내용이기도 합니다. 북송사업 자체와 그 역사 공간으로 니가타가 좀 더 알려질 필요가 있다고 생각됩니다.

또한 북일관계에서 빼놓을 수 없는 일본인 납치자 문제와 관련해서 니가타는 요코타 메구미가 납치된 곳이라는 점에서도 중요한 공간입니다. 북일관계에서 니가타의 중요성에 주목하지 않을 수 없는데요, 이제까지 북일국교정상화 논의에서 일본인 납치자 문제는 항상 중요한 문제였고 앞으로도 주요한 의제로 일본이 제시할 것이 분명한 만큼, 북일관계에서의 니가타가 가진 역사적 의미에 대해서 되짚어볼 수 있었습니다. 한국과의 관계에서 니가타의 의미에 대해서도 함께 연계해서 살펴볼 수 있는 내용이 있다면 더욱 그 중요성이 와닿을 것 같다고 생각됩니다.

선생님께서 소개해 주신 인도적 사업으로서의 북송사업을 찬동했던 기사들이 당시의 상황을 잘 보여주고 있다고 생각됩니다. 이와 관련해서 북송사업의 역사에 대한 니가타시나 총영사관의 공식입장은 어떠했는지, 인용하셨던 일본 언론에서의 오늘날의 평가는 어떠한지에 대해서도 혹시 더 말씀해 주실 수 있는 부분이 있다면 부탁드립니다.

3. 재일 조선인 문제와 역사 문제

2020년 8월 조선인 희생자 추도 평화위령비 건립 및 추도 행사에 한국총영사로서는 최초로 행사에 참석하셨고, 강제동원 관련 설명문구가 "반드시 모두가 강제적이지는 않았다는 등 여러 견해가 있다"로 변경되는 과정에 대해서 설명해 주신 부분들 모두 일본의 역사인식과 분위기의 변화를 보여주는 사례로 보입니다.

또한 사도 금은산 유적 사례 역시 앞으로 좀 더 공론화하여 살펴볼 필요가 있겠다는 생각이 들었습니다. 최근 유네스코에서 군함도를 포함한 세계문화유산에서 일본의 노력에 대해 유감을 표명한 만큼 1945년 이후 남겨진 문제들에 대한 더 많은 관심이 한일 양국에서 더욱 발굴되고 알려질 필요가 있겠다는 생각이 듭니다.

한일관계 개선에서 역사 문제의 위치에 대해 고민해 보게 됩니다. 역사 문제로부터의 디커플링을 통한 한일관계 개선이 필요한가에 대한 문제라고 할 수 있겠습니다. 여기서 역사 문제에 대한 선생님의 견해인 "역사에 정면으로 마주하여 되돌아보는 자세"로 일본인은 일제 강점기의 불행한 역사에 관하여, 한국인은 해방 후 관계변화와 발전에 관하여 더 관심을 가지고 배워야 하며 상대국에 대한 관심과 이해를 위한 노력이 필요하다는 말씀에 깊이 공감하는 바입니다. 저 역시 양국의 교육현장에서 일본은 1945년 이전의 한국을, 한국은 1945년 이후의 일본에 대해 더 많이 가르치고 배워야 한다고 생각해 왔는데요, 역사 문제에 대한 상호 이해의 폭을 넓혀 나가며 마주하는 자세가 중요하다는 점을 다시 한번 생각해 보게 됩니다.

4. 지방교류에 기반한 교류의 지속성

발표문을 통해 지방 간 교류의 중요성을 보여주는 교류 현황을 살펴볼 수 있었습니다. 지방도시들 간의 교류 및 협력이 자매결연, 우호교류, 관광교류의 형태로 나타나고 있음을 확인할 수 있었습니다. 이러한 민간교류의 방식과 분류에 어떠한 기

준이 적용되고 있는지, 향후 어떻게 다각화해 나갈 수 있을지에
대한 아이디어들이 더욱 필요하다는 생각이 들었습니다.

또한 지방과 지방과의 교류뿐만이 아니라, 지방-중앙 교류
역시도 중요하다고 생각됩니다.

신문 인터뷰 등을 통해서 언급하신 지역 간 다양한 형식의
연결들, 가령 역사적 연계, 재난 협력, 스포츠 협력, 취업 관련
등 다양한 영역별, 기능적 연계, 고등학교, 대학들 간의 연계 등
에 대해서도 대학 간 교류 및 언론보도 내용들에 공감하며, 이
를 보다 체계적이고 제도적으로 좀 더 장기적인 전망을 가지고
지원해나갈 수 있는 방안 역시도 마련될 필요가 있겠다고 생각
됩니다.

5. 문화의 힘으로 극복하는 한일관계

니가타시와 공동주최로 개최된 다양한 활동들, 한일 영화
상영회, 요리교실, 강연회 등을 소개해 주셨는데요, 특히 관심이
높았던 프로그램은 무엇이었는지, 참가자들의 한국 문화에 대
한 관심도와 반응이 어떠했는지에 대해서도 궁금합니다.

한일관계의 역사에 대한 김대중 전 대통령의 일본 국회연
설을 인용해 주셨는데요, 김대중 - 오부치 공동선언에 대한 평가
도 마찬가지로 한일관계 인식 전환에 중요한 역할을 한 것으로

평가할 수 있겠습니다. 다만 이후 현실적으로 문화교류에도 한일관계의 개선이 이루어지지 않고 있는 상황에서 문화의 힘, 풀뿌리 시민교류를 바탕으로 한일관계를 극복해 나갈 수 있는 힘이 어느 정도 가능할 것이라고 보시는지요? 문화교류의 활성화가 한일관계에 미치는 영향과 한계, 그리고 앞으로의 전망에 대한 선생님의 견해가 궁금합니다.

또한 정치 및 역사 문제와 분리된 디커플링에 기반한 한일 민간교류 및 협력이 논의되고 있는 것에 대해서도 어떻게 보시는지 궁금합니다. 역사교육을 바탕으로 문화교류와 지역교류를 통한 한일관계 개선방안을 모색하는 것이 장기적으로는 꼭 필요한 것으로 보여지는데요, 역사 문제로 인한 한일관계 경색국면이 지속되는 가운데 공생과 협력의 한일관계 구축을 위한 방안 모색에서 역사 문제에 대한 민간교류 및 문화의 역할에 대해서 어떻게 보시는지 고견을 부탁드립니다.

저자 약력

정미애

이화여대 정치외교학과 졸업 후 동 대학원에서 정치학 석사를 취득했으며, 일본 쓰쿠바대학 국제정치경제학연구에서 석·박사 학위를 취득했다. 국민대 연구교수, 주일한국대사관 선임연구원, 템플대 재팬캠퍼스 객원연구원, 일본 고베대 객원교수 등을 거쳐 주니가타 한국총영사를 역임(2017.12~2020.11)했다. 현재 세종연구소 동아시아협력센터 객원연구위원으로 있으며, 한일의원연맹 자문위원, 동아시아국제정치학회 부회장 등을 맡아 활동하고 있다.

현대 일본정치에서의 정책결정과정, 특히 시민사회의 정치적·정책적 영향력 분석이 주요 연구주제이며, 점차 한일관계에서의 시민·지자체 교류, 공공외교 등으로 지평을 넓혀가고 있다. 약 13년간에 걸친 다양한 일본 체재 경험과 외교 현장에서의 경험 등을 바탕으로 한일관계 개선·발전에 기여할 수 있는 실천적 학문을 추구하고자 노력하고 있다.

서울대학교 일본연구소
Reading Japan 36

니가타에서 본 한일관계

초판인쇄 2022년 12월 02일
초판발행 2022년 12월 15일

기   획 서울대학교 일본연구소
저   자 정미애
기획책임 조관자
기획간사 홍유진, 정성훈
발 행 인 윤석현
책임편집 김민경
발 행 처 제이앤씨
등   록 제7 - 220호
주   소 서울시 도봉구 우이천로 353
전   화 (02)992 - 3253(대)
전   송 (02)991 - 1285
전자우편 jncbook@daum.net
홈페이지 http://www.jncbms.co.kr

ISBN 979-11-5917-224-3   03340   **정가** 9,000원